AF263875

DOM LUIZ

ROI D'ESPAGNE ET DE PORTUGAL

PAR

T. van VEERSSEN

DOCTEUR EN DROIT

PARIS

IMPRIMERIE TYPOGRAPHIQUE DE G. KUGELMANN

13, rue Grange-Batelière, 13.

1868

DOM LUIZ

ROI D'ESPAGNE ET DE PORTUGAL

I

Le gouvernement provisoire qui a accepté la tâche lourde et périlleuse, — mais non sans gloire, — de régir l'Espagne, a décrété que la forme de gouvernement, quelle qu'elle soit, qui sortirait du suffrage universel largement étendu, librement exercé, serait celle que le peuple espagnol devrait reconnaître et respecter. Plus tard, le ministère accepta ce programme, et suivant l'exemple de la France, un peuple puissant, brave, généreux, sera appelé, pour la première fois, à décider de son sort, et à appliquer à son profit, — de son plein gré, sans pression, — le suffrage universel.

Epreuve solennelle, progrès immense, succès pour les

idées libérales, en ce qu'une nation, libre dans son choix, sera seule l'arbitre de sa destinée !

Mais n'est-il pas à craindre que ce peuple qui, jusqu'ici, n'a jamais été appelé à exercer sa volonté politique, ignorant ses droits, peu familiarisé avec les notions de liberté et d'opinion individuelle, se drapant dans sa superbe indifférence, ne comprenne ni les bienfaits ni l'importance de ce droit ? Se rendra-t-il bien compte de la portée de son acte, de la nécessité de voter, et des conséquences de son vote ? ne peut-on pas craindre qu'il ne s'abstienne ?

Cette crainte est permise à ceux qui ont observé les événements de l'Espagne dans ces dernières années. Tous ces soulèvements, tous ces *pronunciamentos* isolés qui ont détourné les troupes de leurs devoirs, et qui rappellent le temps du Bas-Empire, ont été des révoltes et non des révolutions. Accomplies en dehors de la nation, leur succès apparent a été dans l'apathie des populations, curieuses, mais restant neutres ; elles regardaient, discutaient, mais laissaient faire. Jusqu'ici, pas d'élan national, pas d'unité, pas d'ensemble, pas de ces levées de boucliers provoquées par l'amour de la patrie en danger, pas de ces dévouements héroïques, sauf un seul peut-être, qui font des martyrs, affranchissent un peuple et provoquent le réveil de la liberté.

Ces révoltes étaient fomentées par des mécontents,

des ambitieux, des ingrats. Si la dernière insurrection a réussi, si elle a pris des proportions énormes pour aboutir à une révolution, c'est par l'indifférence du peuple qui, comprenant qu'il était l'enjeu d'une partie jouée au-dessus de sa tête, sans avantages pour lui, s'est abstenu. Si la reine eût été à Madrid, le prestige de son rang, de sa naissance, l'entente des chefs du gouvernement eussent conjuré l'orage — peut-être — et elle serait reine encore. Mais elle était absente, elle eut peur de revenir au palais, craignant d'être prisonnière; mais elle était isolée de la nation par un entourage malsain et représentée par des ministres déconsidérés et odieux.

Le trône n'a pas été renversé; il s'est écroulé comme un vieux meuble vermoulu, sans personne pour le soutenir; la couronne est tombée sous le coup de l'indifférence, comme jadis tomba en France celle de Louis-Philippe.

Quoiqu'il en soit, le suffrage universel sera bientôt appliqué en Espagne. Le gouvernement provisoire d'abord, puis le ministère déclarent qu'ils n'entraveront en rien la liberté de conscience, et que chacun sera admis à voter suivant son intérêt, ses préférences ou sa conviction. Ils ne sauraient, du reste, peser personnellement sur les électeurs pour leur imposer un candidat de leur choix, car chacun de ses membres appartient à une nuance distincte; chacun a ses protégés, suivant son penchant, son ambition ou sa conscience, et ce ne sera pas le spectacle le moins curieux de cet interrègne, de voir tous les partis qui auraient volontiers révolutionné l'Espagne à leur profit, sauf à combattre entre eux pour rester maîtres de la situation, se réunir fraternellement pour maintenir la tranquillité, et forts de la bonté de leur cause, en appeler au sentiment national pour qu'il choisisse un gouvernement, espérant que ce sera celui de leurs désirs.

La lice est donc ouverte à tous, et liberté complète dans le vote. Il y a concours large et loyal — on le promet du moins — dans lequel aucune candidature n'est repoussée ; toutes pourront se produire et aspirer au pouvoir, sans crainte d'être taxées de trahison.

—

La lutte sera suprême, vive, disputée, solennelle, si tous les électeurs usent de leur droit, et si ce droit est librement exercé, car les prétendants au pouvoir sont nombreux.

II

Il y a d'abord le parti de la Reine, car, toute détrônée et exilée qu'elle soit, en fait, sa déchéance ne sera légale que lorsqu'elle sera prononcée par un pouvoir régulièrement constitué, organe de la nation. La reine a de nombreux partisans ; la noblesse d'abord — et il faut compter avec la noblesse d'Espagne — elle soutient le principe monarchique représenté par Isabelle, tel qu'il a été exercé par elle ; la noblesse qui doit craindre qu'une forme nouvelle de gouvernement ne vienne abolir ses priviléges, la dépouiller de son prestige, lui disputer ses prérogatives ; la noblesse, si puissante, qu'elle porta souvent ombrage à la couronne qui n'avait pas de Richelieu pour la dégager et l'affranchir.

Puis, il y a le vieux parti espagnol, habitué aux Bourbons ; trop âgé pour changer ses convictions, il votera pour conserver le sceptre entre ses mains ; il espère peut-être que sa souveraine n'oubliera pas la leçon que son exil lui donne sur la fragilité des rois, et que, dès lors, elle rompra avec son passé, répudiera ses affections politiques et ne consultera que les vœux et l'intérêt de son peuple.

Mais, la nation, qui souffrira longtemps des conséquences de ce règne désastreux, se souvient qu'elle est du sang des Bourbons, qui n'ont rien oublié, rien appris.

Incorrigible dans ses fautes, inflexible dans ses principes, sous prétexte qu'elle régnait en vertu du droit divin, elle traiterait ses sujets en peuple conquis, leur imposant ses devoirs de conscience, leur refusant toute aspiration libérale et disposée à rétablir l'Inquisition, si elle avait la force, comme elle a le courage de ses fautes.

Puis, la reine est trop femme pour gouverner un peuple. Elle s'en souvient trop et oublie qu'avant tout, pour bien gouverner, il faut être reine habile, capable et tolérante. Peut-être a-t-elle comme femme des qualités solides qui se trahissent dans l'intimité d'un cercle restreint et qui la font aimer, mais ces qualités sont négatives pour une souveraine, et si on absout la femme et la mère, on condamne la reine et on la répudie.

—

Il y a ensuite le parti de son fils, de l'Infant, qui, à cause de son âge, échappe au reproche de son passé. Sa candidature représente le principe de l'hérédité, non de la légitimité.

Mais ses adversaires répondent qu'il est inutile de faire une révolution pour substituer un fils — mineur — à sa mère ; que lui succédant, il apporterait sur le trône les mêmes errements, les mêmes fautes, les mêmes faiblesses politiques ; qu'il obéirait, avant tout, aux conseils de sa mère, régente ou non ; que sa jeune intelligence partagerait les rancunes de la reine dépossédée, en même temps que sa jeune mémoire se souviendrait de son exil, de l'humiliation forcée, résultant de l'obligation de fuir, bien qu'innocent, comme un criminel ; qu'enfin, il subirait les mêmes influences—fatales—qui entourèrent sa mère. Il n'y aurait donc rien de changé dans la politique de l'Espagne que le nom du souverain.

Pour en finir avec la famille d'Isabelle, il faut parler de la candidature de sa sœur, la duchesse de Montpensier. Elle se présentera comme une victime, persécutée par la reine qui aurait répondu par un exil aux conseils donnés dans l'intérêt de l'Espagne. Cela signifie que la duchesse, femme d'un homme dont la famille n'a jamais exagéré la vertu du désintéressement, a quelque peu conspiré contre sa souveraine. Elle s'en fera un titre pour briguer sa succession.

Mais ses compatriotes qui croyent la connaître attribuent le mobile qui la fit conspirer, non à des idées patriotiques, mais à la convoitise d'une couronne, ambition soufflée à son imagination par la famille à laquelle elle est alliée, famille célèbre pour développer largement ce sentiment, vertu chez les uns, mais chez elle, vice originel.

On ne croit pas à son amour de la patrie ; on croit, au contraire, à son amour du pouvoir et on sait bien que ce ne serait pas elle qui règnerait si, par malheur pour le pays, son ambition était réalisée. Elle n'est même pas à la hauteur de cette folle duchesse de Montpensier — la frondeuse — qui conspirait par désœuvrement !

Une autre raison, tirée de la morale et de la pudeur, — car la politique honnête a, elle aussi, son code de morale , — doit l'exclure du trône ; c'est qu'un conspirateur ne doit jamais accepter la couronne qu'il a sourdement aidé à arracher de la tête de son souverain. Ce serait élever un piédestal à l'insurrection et la déifier !

—

Il y a, en outre, un autre candidat, celui qu'on appelle — car il s'appelle ainsi — le candidat de la légitimité. Il s'agit du duc de Madrid, du petit-fils de celui qui fut dépossédé du trône par le testament de Ferdinand VII, à l'instigation de la reine Christine, sa femme. Il ne vient pas solliciter la couronne , il vient la revendiquer , comme un homme dépouillé réclame son bien volé ! Il a ses partisans — les Carlistes — parmi les Espagnols de la vieille souche, dont la devise, inscrite en lettres de sang sur la bannière abattue, fut toujours : « Dieu et Roi. » Ils saluent en lui l'aurore d'un règne nouveau, le règne de la légitimité restaurée et se souviennent des luttes sanglantes contre les christinos auxquelles ils prirent une part si glorieuse.

Oui, mais la nation se souvient, elle aussi, du sang versé par son aïeul pour reconquérir son droit ; des horreurs qui sont d'ordinaire le triste cortége des guerres civiles ; la nation n'oublie pas que s'il fut dépossédé, ce fut par de hautes intrigues, par des mystères d'alcôve, auxquels elle resta étrangère, mais qu'elle subit et dont elle paya de son sang les terribles conséquences. Elle sait combien ces luttes fratricides, qui n'avaient pas pour cause la liberté du peuple, épuisèrent ses forces vitales ; comment l'essor de la civilisation fut retardé, l'extension du commerce paralysé, et combien souffrit l'agriculture, privée de bras pour cultiver la terre, cette mère fertile, à condition d'être fécondée.

Les descendants de ceux qui combattirent contre ce principe d'hérédité se souviennent des cruautés, réciproques, hélas ! exercées par ces fanatiques des deux camps, et ils reculeront à l'idée de faire leur partie dans ce jeu de bascule qui ne leur promet ni garantie, ni bonheur, ni liberté.

Nous ne sommes plus au temps, d'ailleurs, où les titres fondés sur l'hérédité constituaient un droit pour régner. Il faut aujourd'hui le mérite personnel, le talent, l'intelligence ; il faut que le passé soit un gage de l'avenir, et jusqu'ici ce prétendant est trop jeune pour avoir fait ses preuves. Il est trop resté dans l'ombre pour ne pas être tombé dans l'oubli.

—

Reste enfin un dernier parti, né d'hier en Espagne, qui pouvait être vivace et sérieux. Nous voulons parler de la République avec ou sans Espartero pour président. Malheureusement pour ce principe, les républicains de ce pays méconnaissent déjà les décrets du gouvernement provisoire, et impatients d'attendre les élections, où ils craignent d'échouer, cherchent à s'imposer par la violence, le désordre et la terreur. Ce sera une des causes de leur insuccès. Ils sont trop jeunes dans leurs idées démocratiques, ils ne sont pas assez disciplinés. Trop ardents, ils cherchent à substituer la force au libre arbitre et leur nombre diminue chaque jour. Improvisés depuis la chute d'Isabelle, ces républicains du lendemain n'ont pas compris que l'Espagne ignorait ce qu'est une république ; que profondément monarchique depuis des siècles, elle avait besoin de se recueillir pour apprécier les bienfaits d'un système nouveau ; qu'habituée aux prestiges, aux pompes et aux magnificences qui entourent le souverain comme d'une auréole divine, elle accepterait difficilement la transition brusque et irréfléchie à un maître, sans escorte, sans apparat, sans entourage prestigieux ; il fallait lui laisser le temps de voir la part qu'un tel gouvernement apporterait à chacun au point de vue de ses intérêts, de ses goûts, de ses habitudes, de son bien-être, ce qu'elle gagnerait à rompre avec son passé monarchique. Il fallait enfin lui reconnaître le droit de choisir, car l'Espagnol est fier et soupçonneux, il n'aime pas qu'on s'impose violemment. Mais les républicains ont senti que la réflexion serait fatale à leur cause, et que la majorité des votes leur serait contraire, à moins de triompher par un coup d'Etat.

—

Nous croyons en avoir fini avec les candidatures plus

ou moins possibles au titre de maître de l'Espagne, car nous ne saurions prendre au sérieux celles improvisées chaque jour par les journaux de toutes les nuances. Nous ne pouvons croire que certains membres du gouvernement provisoire, malgré leurs allures royales, aient songé un instant à gouverner en maîtres le pays qu'ils ont prétendu affranchir dans son intérêt. Leur insurrection deviendra légitime et sera sanctifiée si le vote universel leur donne raison ; sinon, ils seront des conspirateurs ordinaires et des ambitieux vulgaires. De quel nom ne serait-on pas en droit de les appeler, s'ils osaient descendre dans l'arène et aspirer à l'honneur de régner sur leurs concitoyens ?

III

Maintenant que nous avons fait justice des candidats au pouvoir suprême en Espagne, que nous repoussons comme indignes d'elle, nous croyons, sincèrement et franchement, qu'il y a un nom qui, se présentant dans la lice, rallierait les sympathies des honnêtes gens, aimant leur patrie, car il réunit toutes les conditions exigées pour donner à ce pays le bonheur et la liberté dont elle doit avoir hâte de respirer les parfums ; un nom qui, ayant conservé scrupuleusement et saintement respecté les traditions de famille, est une garantie pour l'avenir ; un nom, enfin, qui ne se produit pas, en se faisant précéder par la violence ou la pression, mais qui attend d'être proposé par l'opinion publique. Il s'agit, en un mot, de Dom Luiz, roi de Portugal, au moyen de la réunion des deux royaumes, sous le sceptre unique du représentant de la maison de Bragance.

Que pourrait-on, qu'oserait-on reprocher à cette famille et à son descendant ?

A Dieu ne plaise que notre opinion soit suspectée comme entachée d'intérêt personnel. Nous ne sommes ni Espagnol ni Portugais ; nous n'avons aucun rapport direct ou indirect avec les deux peuples ; mais nous avons suivi et jugé les actes du Roi de Portugal et avons reconnu dans ce jeune prince un de ces êtres marqués au front par la Providence, pour accomplir de grandes choses et atteindre de hautes destinées. Nous sommes, d'ailleurs, d'un pays libre, bien que monarchique, très éloigné de la Péninsule ; d'un pays de peu d'étendue, mais chez lequel les institutions libérales sont sainement conçues, largement appliquées ; d'un pays qui, protégé par ses principes, a pu donner, en peu de temps, à son commerce et à son industrie, un développement inespéré que lui envient ses puissants voisins.

Nous avons étudié les rouages du système gouvernemental portugais, les progrès que la monarchie constitutionnelle a encouragés ; constaté le développement de l'industrie, assisté de loin à l'éclosion de ses franchises libérales, et nous pensons que le roi de Portugal, appelé à régner sur toute la Péninsule et y appliquant ses idées pratiques, reflet des idées de la Belgique, peut seul réaliser le bonheur de l'Espagne et lui rendre sa splendeur.

Oh ! nous savons bien que nous froissons l'amour-propre espagnol, et que nous soulevons des questions irritantes ; nous savons que l'Espagnol se croit supérieur au Portugais, qu'il y a entre les deux peuples un antagonisme que rien ne justifie. Mais cet antagonisme, cette jalousie n'existent-ils pas, même parmi les Espagnols, entre eux, dont la susceptibilité est chatouilleuse. Le Castillan ne se croit-il pas supérieur à l'Andaloux, le Basque au Castillan, et réciproquement? L'Espagnol se croit fort et puissant; c'est le géant qui regarde en compassion le faible et le petit. Mais tout cela est mesquin et peu sérieux, car l'Espagne a-t-elle le droit — aujourd'hui qu'elle est tourmentée par un enfantement douloureux, elle qui n'a jamais pu être gouvernée comme elle méritait de l'être et comme elle le demandait, — de regarder son voisin comme inférieur à elle? Si nous étions encore au temps de Charles-Quint, qui éleva si haut la puissance de l'Espagne, qu'elle ne pouvait que s'amoindrir dans les mains de ses successeurs, à l'époque où ce rival de François Ier rêvait l'empire du monde, elle serait en droit — peut-être — d'être fière et superbe, et chêne gigantesque, de prendre en compassion un humble roseau.

Mais les jours mauvais sont venus, la grandeur de l'Espagne n'est plus qu'un souvenir; elle a disparu peu à peu; le chêne majestueux est tombé sans écraser le roseau qui continua à grandir; peu à peu elle a vu se détacher de sa couronne ses plus beaux fleurons; elle a perdu successivement presque toutes ses colonies. Le Portugal a conservé les siennes.

Pour réduire à sa juste proportion cette prétention mesquine, il suffit de jeter un regard rétrospectif sur l'histoire de ces deux peuples, d'une même origine, dont l'un, pâle reflet d'une grande figure, a toujours été en décadence depuis Charles-Quint, tandis que l'autre a

progressé sans se laisser distraire par ancune pensée étrangère à l'intérêt national. Si le Portugal eût été l'ennemi
de l'Espagne, comme celle-ci le prétend, il faut reconnaître qu'il a été ennemi loyal et généreux, car il n'a
jamais pensé à s'enrichir des dépouilles du vaincu et à
s'agrandir aux dépens d'un royaume démembré.

Il le pouvait, cependant, et l'occasion s'offrit à lui
plus d'une fois. Il ne l'a pas voulu, car il a pensé qu'une
réunion, fruit de la conquête, coûte plus à conserver
qu'elle n'apporte de force morale et matérielle. Ce qu'il
veut, c'est que la réunion soit le résultat du vœu popu-
laire.

IV

L'avènement de la maison de Bragance au trône de Portugal a précédé d'un demi-siècle celui des Bourbons en Espagne.

Examinons en peu de mots la commune origine de ces deux peuples, leur histoire, les conséquences que le règne de ces deux maisons royales eut sur la Péninsule, la somme de gloire, de bonheur, de liberté, d'humiliation ou d'esclavage qu'elles lui apportèrent ; quelle fut sa grandeur ou sa décadence, et qu'elle est celle des deux monarchies dont le passé sans tache est une garantie pour l'avenir.

Les Ibères et les Celtes sont les peuples les plus anciens dont se souvienne la Péninsule qu'ils se partagèrent, non sans luttes sanglantes ; les Celtes occupèrent le Nord et l'Ouest ; les Ibères l'Est ; au centre, les deux peuples fusionnèrent et devinrent les Celtibères.

Plus tard, les Visigoths visitèrent la partie qui forme l'Espagne, et séduits par la position géographique de ce pays, qui devait tenter des conquérants, renoncèrent à la vie nomade et s'y implantèrent.

Ils avaient raison, car la Péninsule espagnole qui

s'avance à l'extrémité du continent européen dans l'Atlantique et la Méditerranée, ne se rattache à lui que par la chaîne des Pyrénées, et n'est séparée de l'Afrique que par Gibraltar.

Son territoire est presque partout entouré par deux mers ; toute la côte, qui forme un périmètre maritime, est très montagneuse, et entoure l'Espagne comme un véritable rempart que protégent d'ailleurs des ports avantageusement situés. Du côté du continent, les Pyrénées s'élèvent comme une barrière gigantesque entre l'Europe et le territoire espagnol.

Successivement envahie par les Maures et les Arabes, après des guerres de plusieurs siècles avec les royaumes chrétiens du Nord, dans lesquelles l'Espagne fut soutenue par le Portugal qui n'était encore que comté, ces Barbares, puisque c'est ainsi qu'on les appelle, y laissèrent des traces ineffaçables de leur passage. Ils y apportèrent la civilisation, l'architecture, l'art de tisser les étoffes ; donnèrent à l'agriculture un développement inconnu depuis et non continué. Les restes de ces splendeurs vivront toujours pour affirmer le génie arabe et attester la décadence de l'Espagne qui n'a pu conserver ce qu'elle n'avait pas eu la peine d'inventer.

Après un règne de 500 ans, pendant lesquels l'Espagne

se débattit dans les convulsions produites par les guerres du christianisme contre le fanatisme mahométan, elle respira et commença une ère de gloire et de conquête ; ce fut une époque brillante, et sa chute fut d'autant plus sensible qu'elle tomba de plus haut. Le règne des Maures et des Arabes était fini, mais ils avaient laissé des traces immortelles de leur passage qui protestent contre le titre de Barbares, qu'on leur a donné à tort.

—

Une aurore de prospérité et de puissance commença sous la main de Ferdinand, régent pendant la minorité de Charles-Quint, qui hérita de Maximilien Ier du titre d'Empereur et d'une partie de l'Allemagne.

Charles-Quint ajouta à la couronne, augmentée déjà de la Navarre et du Roussillon, conquis par Ferdinand, la Sicile, la Sardaigne, le pays napolitain, le Milanais, le Mexique, le Chili, le Pérou, la Nouvelle-Grenade, Buénos-Ayres, puis les Pays-Bas et la Franche-Comté !

Son successeur, Philippe II, pour reconnaître le concours prêté jadis par le Portugal dans les guerres de l'Espagne contre les Barbares, ne trouva rien de mieux que de l'ajouter à son empire déjà si étendu.

L'Espagne était alors la première puissance du monde, le Grand Empire, ainsi qu'elle se qualifiait.

Mais, au point de vue de sa prépondérance, une nation arrivée aussi haut ne peut que descendre.

Peu à peu, l'Espagne perdit les Pays Bas, le Roussillon, l'Artois, la Flandre, la Franche-Comté, le Portugal, et en 1781, lorsqu'éclatèrent les révolutions de l'Amérique, qui se déclara indépendante, la ruine de l'Espagne fut complète et rien n'a pu encore la relever de ce coup fatal.

C'est qu'en perdant ses possessions du continent, elle ne faisait que s'amoindrir en importance ; elle pouvait être une puissance restreinte et rester florissante pour son bonheur intérieur par l'énergie et l'activité de ses populations et par un gouvernement tutélaire.

En perdant l'Amérique, la source de ses richesses fabuleuses se trouva tarie. Elle s'était habituée à l'oisiveté et à la paresse ; n'ayant pas besoin de s'occuper de l'avenir, elle vivait dans le luxe et la splendeur. Cette mine d'or épuisée, elle devait mourir, car elle n'avait plus ni le goût, ni l'aptitude au travail. Son moral était abattu et paralysé par l'inaction.

Et, cependant, 80 ans avant l'affranchissement de l'Amérique, la maison française des Bourbons était venue prendre possession du trône d'Espagne, par le duc d'Anjou, petit-fils de Louis XIV, qui fut Philippe V, et le premier roi de cette dynastie qui régnait encore il y a quelques mois, après un règne de 180 ans, qui fut si funeste.

En effet, son avénement créa la guerre de la succession d'Espagne qui dura 15 ans, et fit perdre à ce pays ses anciennes conquêtes sur le Continent.

Que reste-t-il à l'Espagne aujourd'hui en fait de colonies ?

En Amérique, dans le groupe des Antilles, Cuba, cette riche et belle possession ; une partie de l'île d'Haïti ; les îles Porto-Ricco ; les îles Malouines, à l'Est du détroit de Magellan.

En Asie ; les îles Philippines, importantes, car elles sont placées entre la Chine, l'Amérique et la Nouvelle-Hollande ; dans le Grand-Océan, les îles Carolines.

En Afrique, les îles de Fernando et d'Annobon ; les îles Canaries, dans l'Atlantique, près de la côte Occidentale d'Afrique.

En Europe, les îles Baléares.

—

Certes, ces colonies sont riches et puissantes et l'Espagne doit être heureuse de les posséder encore. Mais ce sont les épaves d'une grande fortune, et comparées à celles qu'elle avait, et qu'elle a successivement perdues, on doit plaindre un pays et répudier une monarchie qui se contente d'un tel abaissement et n'a rien fait pour s'y soustraire.

—

Le Portugal est situé à l'extrémité Sud-Ouest de la Péninsule qui s'avance dans l'Océan ; sa situation est exceptionnellement favorable ; la moitié de son périmètre est baignée par l'Océan. Sur son territoire, sont les embouchures des quatre grands fleuves qui arrosent la Péninsule, le Tage, le Douro, le Minho et la Guadiana qui au Sud-Est marque la frontière des deux états.

Le pays qui forme ce royaume était occupé par les Celtes.

Il resta domination romaine pendant 550 ans, puis vinrent les invasions successives des Barbares, des Alains, des Visigoths et des Arabes. Son territoire fut très disputé; au Nord, les rois catholiques des Asturies; au Sud, les Arabes combattirent vivement. Au 11me siècle, les rois catholiques avaient étendu leurs possessions jusqu'au Tage, le midi restait aux Maures. Enfin au 12me siècle, Alphonse VI, après une grande victoire dans le Sud sur cinq rois arabes, fut proclamé, à Ourique, roi de Portugal. Il commença la dynastie de Bourgogne sur le trône portugais, car il était fils de Henri de Bourgogne.

Plus tard, au 14me siècle, la branche d'Aviz régnait. Ce fut une époque de prospérité et de conquête pour le Portugal; il étendit sa puissance jusque sur la côte d'Afrique, planta son drapeau dans l'Inde, arbora son pavillon dans l'Amérique du Sud, où il s'empara du Brésil.

Après de désastreuses années, pendant lesquelles la monarchie tomba au pouvoir de l'Espagne, arriva, en 1640, la maison de Bragance, qui rendit le Portugal indépendant. Il resaisit une partie de ses colonies en Afrique et au Brésil, et cette famille royale régna jusqu'à nos jours, sauf l'interrègne provoqué par le traité secret de Fontainebleau par lequel Napoléon partagea le Portugal en trois parties. La maison de Bragance, en arrivant au pouvoir, sut affranchir le Portugal d'un vasselage étranger, reconstituer le royaume, reprendre ses colonies, et donner à son peuple les libertés constitutionnelles qui font son orgueil et sa force.

Le parallèle entre les Bourbons d'Espagne et la maison de [Bragance est facile à établir: et il fait ressortir laquelle de ces deux maisons royales a bien mérité de l'histoire.

—

Les colonies actuelles du Portugal sont riches et nombreuses. Il suffit de les énumérer.

En Europe : l'Archipel des Açores, Angra, Horta, Ponta-Delcada, Ribeira-Grande, Saint-Roch, Magdeleine et Lagés.

En Asie : Damas, Diu, Goa, Villa, Nova de Goa.

En Chine : Macao.

En Afrique : Madère, Archipel du Cap-Vert, Haute-Guinée, San-Thomé et Do-Principe, Angola, etc.

En Océanie : Dilly, Mozambique, San-Joao-d'Ibo, Angoxa, etc.

—

On voit par ce rapide exposé historique que l'Espapagne a toujours été en décadence. Trois fois elle eut le moyen d'être heureuse, libre et puissante, et trois fois elle laissa échapper l'occasion pour retomber dans l'oubli. Les Arabes lui lèguent un brillant héritage, de beaux modèles à suivre, les germes de la civilisation, des merveilles dans les arts, dans l'architecture, dans l'agriculture ; elle n'avait qu'à les continuer, qu'à les imiter ; elle n'en fut même pas capable ; elle n'eut ni le courage ni la virilité de ceux qu'elle appelle des Barbares !

Première chute.

Voilà pour l'intérieur :

Puis vint Charles-Quint, qui, par ses conquêtes extérieures, l'élève au premier rang, non-seulement de l'Europe, mais encore du monde entier ; après lui, l'Espagne ne sait ni garder ses conquêtes, ni conserver l'intégrité de son territoire, ni défendre ses colonies.

Deuxième chute.

Enfin arriva la découverte de Christophe-Colomb, qui faite au profit d'une nation plus habile et plus réfléchie, devait lui assurer le monopole du commerce dans le Nouveau-Monde ; la dégager de la préoccupation de chercher le bien-être dans la richesse que lui apportait cette découverte, et lui permetre d'entreprendre de grandes choses, de développer la civilisation et d'assurer son indépendance. Au lieu de cela, qu'a-t-elle fait ? Semblable à ce fils de famille qui ne considère la fortune que pour la dépenser follement dans la paresse et l'oisiveté, et la jeter au vent de tous les plaisirs ; que pour la mettre au service de ses passions mauvaises, sans songer à utiliser fructueusement au profit de tous les loisirs de sa richesse, sans réfléchir à ce qu'il deviendra lorsqu'il sera ruiné, l'Espagne ne vit dans les mines d'or de l'Amérique qu'un moyen de jouir de la vie, de se livrer aux délices de sa chère paresse, et insouciante de son avenir politique et matériel, oublia qu'elles pouvaient un jour s'épuiser ou lui échapper. Et lorsqu'arriva ce moment, les Espagnols étaient trop efféminés pour redevenir des hommes !

Troisième chute.

La maison de Bourbon, au lieu de réagir contre ces faiblesses et ces imprudences, au lieu de chercher à sauvegarder l'avenir, laissa faire ; car cette caducité et cette décadence servaient ses projets d'asservissement moral et matériel ; elle ne cherchait qu'à éterniser sa domination dans ce pays, domination qui ne rapporta à ce dernier que guerres civiles et étrangères, et le réduisit à l'état où il est aujourd'hui.

—

Le Portugal, au contraire, sut reconquérir et conserver son indépendance. Pourquoi ? parce qu'il y avait entre le roi et le peuple une communion d'idées, une communauté de principes ; qu'appuyés l'un sur l'autre, ils se soutenaient mutuellement, s'estimaient et s'aimaient. La maison de Bragance, sentant la responsabilité qui pesait sur elle, certaine du concours de la nation, observait les excès et les fautes de son voisin pour les éviter, et voilà pourquoi le Portugal vécut prospère et libre, soutenu par la main puissante et libérale d'une dynastie qui implantée sur son sol depuis 168 ans, sans avoir jamais eu un moment de faiblesse, amena le pays à l'état florissant qu'il a successivement atteint.

La maison de Bourbon, au contraire, imposée à l'Espagne depuis cent cinquante ans, ne lui apporta jamais que despotisme et asservissement. La forme des deux gouvernements est la même : Monarchie constitutionnelle, mot vrai pour le Portugal et la maison de Bragance, mensonge pour l'Espagne et la maison de Bourbon.

Et voilà le peuple que l'Espagnol regarde du haut de sa grandeur dégénérée ! Au lieu de rivaliser avec lui, de le prendre pour modèle de ce qu'il pourrait être lui-même, de l'imiter dans sa sagesse et sa splendeur, il le traite en vassal et le prendrait volontiers en compassion ! Les anciens ne disaient-ils pas que Jupiter rendait fous ceux qu'il voulait perdre ?

V

Nous le disons en toute sincérité, et animé seulement par le désir de voir la Péninsule heureuse et libre reprendre son rang parmi les nations de l'Europe, le bonheur de l'Espagne, son existence politique, matérielle, industrielle et commerciale ne lui viendra pas de ces candidats en présence, restes dégénérés de grands noms, sans prestige aujourd'hui, et représentant des principes surannés ; il n'est pas dans un replâtrage de gouvernement, où chacun apportera ses vieilles rancunes, ses aveuglements et les irritations du passé ; il est dans sa réunion au Portugal sous le sceptre de Dom Luiz.

La maison de Bragance n'a-t-elle pas toujours été en avant sous le rapport de la civilisation, du bien-être et de la liberté ? Attentive aux mouvements progressifs industriels, tenant compte des aspirations d'une génération nouvelle qui répudiait les vieilles théories de ses pères, elle a toujours été au niveau du siècle ; elle fut une des premières à reconnaître l'Italie comme royaume, et cependant, telle fut la prudence du jeune roi actuel de Portugal, que son gouvernement ne s'est pas mêlé aux questions irritantes qui agitaient l'Europe, lorsque l'intérêt de son peuple n'avait rien à y gagner.

L'Espagne et le Portugal réunis sous un même sceptre, sous la royauté de Dom Luiz, c'est-à-dire un pays aussi peuplé que la France, des plus favorisés par la nature, avec un littoral magnifique, une position exceptionnelle, formeraient un royaume immense, imposant, avec lequel il faudrait compter. N'aurait-il pas une population nombreuse, brave, aguerrie, possédant une flotte puissante, des colonies riches et productives que personne n'oserait lui enlever car elle saurait les défendre ?

Le Portugal, d'ailleurs, apporterait dans la balance sa part de force, son contingent de puissance. A l'intérieur, un gouvernement régulier à l'ombre duquel le pays est prospère ; le développement du commerce, favorisé aussi par une admirable position géographique, supérieure à celle de l'Espagne ; de vastes et importantes colonies qui vivent et respirent librement l'air sain et vital de la mère patrie ; à l'extérieur, il apporterait son alliance naturelle avec l'Italie qui a détaché un de ses plus beaux joyaux pour en orner sa couronne ; avec la France qui verrait ainsi éloignés des prétendants dont elle se méfie ; avec l'Angleterre dont le commerce d'importation et d'exportation apporte chez lui la richesse et les idées positives du négoce.

Mais, diront les gens timides, cette réunion de deux peuples composera une nation puissante sur terre et sur mer. N'est-il pas à craindre que quelque grand État ne cherche à s'opposer au vœu des électeurs, ne reconnaisse pas la nouvelle monarchie et ne lui suscite des embarras, sous prétexte que l'équilibre européen serait détruit ; de sorte que, protégée par les uns, attaquée par les autres, cette réunion peut allumer en Europe une conflagration générale, et l'Europe a besoin de repos?

Ce serait peu connaître le caractère de ces deux peuples, que de supposer que la menace les effraierait. Ils résisteraient, soyez en certains, par courage, par dignité personnelle, et ne serait-ce que pour essayer leur force nouvelle et affirmer leur jeune existence politique.

Qu'importeraient, après tout, ces menaces et ces dangers, pourvu que les **30 millions** d'habitants, vivant sous une monarchie unique, soient heureux et libres; pourvu que la tranquillité ramène la confiance; que le commerce intérieur soit florissant; pourvu que l'agriculture reçoive les renforts qui lui manquent; que la sécurité des transactions et un gouvernement protecteur et éclairé, provoquent l'émigration qui amènerait une population industrielle et industrieuse, qui fasse fructifier ces terres, d'une fécondité exceptionnelle, car faute de bras pour les cultiver, elles ne produisent rien, et cependant il s'agit de presque la moitié des deux territoires!

Les mœurs, les habitudes des deux peuples sont presque identiques; la religion est la même. La langue, il est vrai, est différente. Bien que les Espagnols prétendent que la langue portugaise est si pauvre que l'on ne comprend pas qu'elle ait pu inspirer un Camoëns, il faut dire, cependant, qu'elle est riche et sonore, et nous ne savons plus quel historien de valeur — Sismondi peut-être — disait que la langue portugaise était de l'espagnol *désossé*. Depuis quand, d'ailleurs, une diffé rence de langage a-t-elle été un obstacle à la réunion de deux Etats sous un sceptre unique ?

Enfin, la maison de Bragance apporterait avec elle un passé de gloire et de libéralisme, un présent qui n'a pas dérogé et qui garantit l'avenir. Le roi Dom Luiz apporterait, lui aussi, un règne de sept ans de prospérité, sans faiblesse ni défaillance.

Quel est celui des candidats au trône qui pourrait afficher un programme plus net, plus libéral et plus vrai ?

VI

Espagnols ! le moment est solennel ! Naguère encore vous étiez esclaves. L'occasion s'offre à vous d'être libres. Prouvez au monde, qui a les yeux sur vous, que vous méritez de l'être.

Vous allez être appelés, pour la première fois, à affirmer vos droits et à les exercer. Méditez profondément ; préparez-vous à accomplir cet acte d'indépendance avec la gravité que comporte la situation. Descendez dans vos consciences, examinez froidement, sans prévention, les titres que chaque candidat croit avoir à votre choix, et la main sur la conscience, avec le recueillement d'un acte religieux et d'un devoir accompli, déposez dans l'urne le vote qui doit vous affranchir.

Dans ces conditions, notre conviction sincère, profonde est que, de ce suffrage libre et réfléchi, sortira le nom de DOM LUIZ, roi de Portugal, comme *Roi de toute la Péninsule.*

Paris. — Imp. Kugelmann, 13, rue Grange-Batelière.

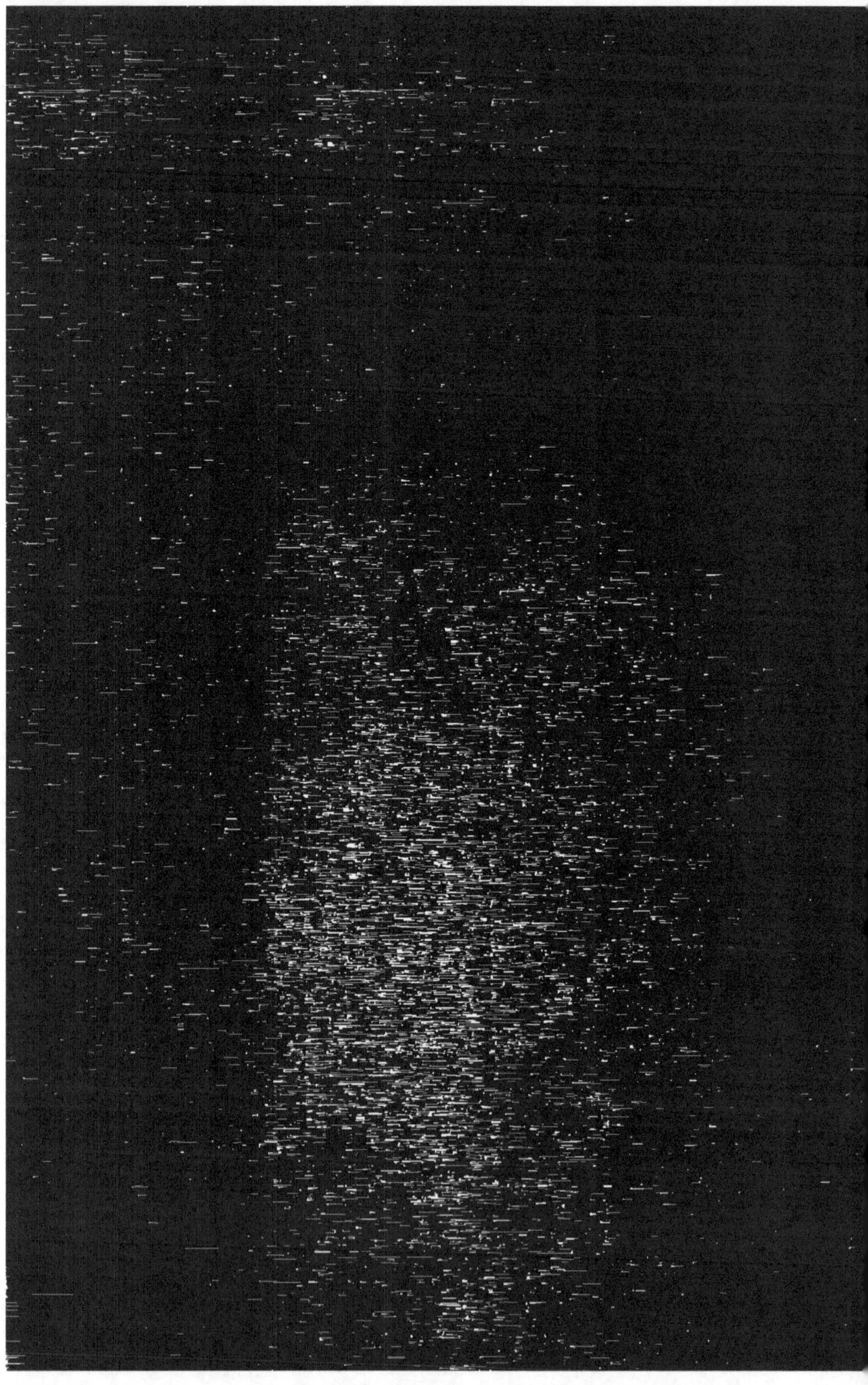